PICCOLA BIBLIOTECA ADELPHI

495

DELLO STESSO AUTORE:

Il mio Oriente
Il primato della volontà
L'arte di essere felici
L'arte di farsi rispettare
L'arte di insultare
L'arte di invecchiare
L'arte di ottenere ragione
L'arte di trattare le donne
La filosofia delle università
Parerga e paralipomena
Scritti postumi I
Scritti postumi III
Sul mestiere dello scrittore e sullo stile

Arthur Schopenhauer

L'ARTE DI CONOSCERE SE STESSI

OVVERO

EIS HEAUTÓN

A cura e con un saggio di Franco Volpi

ADELPHI EDIZIONI

WWW.ADELPHI.IT

ISBN 978-88-459-1772-1

Anno									Edizione
2028	2027	2026	2025	26	27	28	29	30	31

INDICE

INTRODUZIONE

DI FRANCO VOLPI

1. *Conosci te stesso!*

La conoscenza di sé è l'inizio della saggezza. «Conosci te stesso!» (γνῶθι σαυτόν) è l'insegnamento di vita attribuito a uno dei Sette Sapienti, forse addirittura un precetto di origine divina per l'autorealizzazione. Stava inscritto all'ingresso del tempio di Apollo a Delfi, l'«ombelico del mondo», il punto in cui due aquile liberate da Giove agli estremi della terra, e dirette al suo centro, si erano incontrate.

Al tempo stesso è la massima su cui è imperniata la lezione di vita che la filosofia da sempre ha inteso impartire: «Tutti gli uomini hanno la possibilità di conoscere se stessi» afferma già Eraclito (fr. 116). Ma è soprattutto Socrate che fa dell'arte di conoscere se stessi il cardine dell'intera saggezza filosofica, come testimonia Platone nell'*Alcibiade maggiore*. Non a caso nella tradizione iconografica la saggezza sarà spesso rappresentata come una figura femminile che tiene in mano il prezioso strumento in cui è possibile guardarsi e conoscersi: lo specchio.

Eppure, la conoscenza di sé è anche l'errore di Narciso. Il vanesio ripiegarsi su di sé di chi, innamorato della propria bellezza, vede unicamente se stesso e non riesce a entrare in rapporto con la realtà. In questo senso conoscere soltanto se stessi significa rimanere prigionieri della propria immagine.
Attraverso i secoli,[1] il motivo della conoscenza di sé, nella sua duplice valenza, giunge sino all'età moderna, dove è ripreso e svolto specialmente dalla moralistica. Fino a Goethe, che si mostra scettico circa l'origine divina del motto delfico, convinto com'è della sua ingannevolezza:

Erkenne dich! – Was soll das heißen?
Es heißt: sei nur! und sei auch nicht!
Es ist eben ein Spruch der lieben Weisen,
Der sich in Kürze widerspricht.
Erkenne dich! Was hab' ich da für Lohn?
Erkenne ich mich, so muß ich gleich davon.
Als wenn ich auf den Maskenball käme
Und gleich die Larve vom Angesicht nähme.[2]

1. Cfr. Pierre Courcelle, *Connais-toi toi-même. De Socrate à Saint Bernard*, 3 voll., Études augustiniennes, Paris, 1974-1975 (trad. it. di Francesca Filippi, *Conosci te stesso, da Socrate a San Bernardo*, Presentazione di Giovanni Reale, Vita e Pensiero, Milano, 2001).

2. «Conosci te stesso! – Che significa? / Significa essere e insieme non essere! / È un motto dei saggi antichi / che nella sua brevità si contraddice. / Conosci te stesso! E che ci guadagno? / Se mi conosco, devo

Schopenhauer trae il motivo della conoscenza di sé proprio dalla moralistica, oltre che, naturalmente, dalla sua invidiabile familiarità con la cultura classica. Ma non si limita a trattarlo in astratto: lo pratica come concreta saggezza di vita.

Sotto il titolo di *Eis heautón*, mutuato dalle memorie di Marco Aurelio, egli raccoglie nel corso degli anni meditazioni «rivolte a se stesso» che daranno vita a un suo «libro segreto», andato perduto, e che qui ricostruiamo e presentiamo per la prima volta in italiano.

Iniziato nel 1821 e arricchito nei due decenni successivi, esso consisteva di una trentina di fogli, fitti di annotazioni autobiografiche, ricordi, riflessioni, insegnamenti di vita, regole di comportamento, massime, citazioni e proverbi, che il maestro di Danzica si era appuntato come ciò che gli stava più a cuore, come una sorta di summa della propria personale saggezza di vita: insomma, come precetti di un'arte per conoscere se stesso e orientarsi nel mondo.

Si tratta di un aureo libretto steso non a caso

sparire subito. / È come se venissi a un ballo mascherato / per togliermi subito la maschera dal viso» (in *Tutte le poesie*, a cura di Roberto Fertonani, Mondadori, Milano, 1989, vol. I, tomo I, pp. 854-55).

in un periodo di grandi avversità, che avevano messo a dura prova la tempra del suo autore. Da un lato, dopo la pubblicazione del *Mondo* (1819), Schopenhauer aveva maturato la piena consapevolezza della sua vocazione filosofica, non ritenendosi in questo campo inferiore a nessuno e, anzi, sentendosi investito di una missione nei confronti dell'umanità. Dall'altro, a questa sua consapevolezza non era corrisposto alcun riconoscimento da parte della corporazione dei filosofi. Al contrario, la sua opera fu ignorata e la sua carriera stroncata fin dagli esordi dal duro scontro con Hegel, l'astro dominante nel firmamento filosofico dell'epoca. A ciò si aggiunsero intoppi di ogni genere, la rottura con la madre, problemi finanziari legati all'eredità paterna, insuperabili difficoltà nei rapporti con gli altri, un'inestirpabile diffidenza per l'altro sesso, e vari altri «*alimenta misantropiae*» che giustificano la sua visione pessimistica della vita. La quale perciò non è l'amaro frutto della debolezza, bensì il coerente approdo della lucidità, del disincanto e del senso tragico dell'esistenza.

Coerentemente, Schopenhauer non si comporta né da stoico fatalista né da erudito perso nei suoi pensieri, ma da valente uomo di mondo che reagisce alle sfide esistenziali sfoderando tutte le tecniche e le strategie che la

sua intelligenza e la sua capacità di navigare nel mondo gli mettono a disposizione.
Affonda qui le sue radici la convinzione schopenhaueriana che la filosofia non sia soltanto conoscenza teoretica dell'essere, ma anche saggezza pratica di vita. Cui egli dà espressione in una serie di trattatelli, redatti a uso personale, ma dai quali ormai non si può prescindere e che impongono di rivedere la tradizionale immagine monolitica del suo pensiero fondata unicamente sull'opera pubblicata in vita. Testi come l'*Eudemonologia*, il *Trattato sull'onore* e la *Dialettica eristica*,[1] composti nei cruciali anni di Berlino, rientrano in questa prospettiva. L'*Eis heautón* si inserisce nel medesimo contesto ed esprime in un certo senso la quintessenza di una tale maniera di intendere il sapere filosofico.

3. *Ricerche e sospetti*

Ad amici e seguaci Schopenhauer non aveva nascosto l'esistenza di questo vademecum personale, gelosamente custodito. Agli intimi aveva però confidato che avrebbe potuto essere pubblicato, se mai, solo dopo la sua

1. Editi da Adelphi (Milano) rispettivamente con il titolo *L'arte di essere felici* (1997), *L'arte di farsi rispettare* (1998) e *L'arte di ottenere ragione* (1991).

morte. Così racconta Ernst Otto Lindner, il primo che ne diede notizia lamentando la sparizione del manoscritto, e altri confermano la stessa versione.[1]

Tuttavia, i tentativi di rintracciarlo intrapresi subito dopo la morte di Schopenhauer (21 settembre 1860), e ripetuti dopo che furono tolti i sigilli al lascito (6 aprile 1861), andarono a vuoto. In particolare Adam von Doß tornò più volte alla carica con l'esecutore testamentario, Wilhelm Gwinner. Lo stesso fece Julius Frauenstädt, gestore designato delle carte filosofiche, che aveva rinvenuto tra queste ultime numerosi rimandi al misterioso quaderno.

Gwinner fece sapere: «L'*Eis heautón* non era un manoscritto scientifico ma riguardava solo cose personali, i suoi rapporti privati con alcune persone, frammisti ad alcune regole di prudenza e citazioni preferite che era solito annotare in tutti i suoi taccuini e che, per quel che gli era parso opportuno, aveva già utilizzato nei *Parerga*. Era un quaderno di circa trenta fogli sciolti, da cui a

1. Cfr. Lindner-Frauenstädt, *Arthur Schopenhauer. Von ihm. Über ihn*, pp. 5-6. Si vedano anche le testimonianze in Schopenhauer, *Gespräche*, nn. 118 e 119 (Johann August Becker), 275 e 276 (Adam Ludwig von Doß), 306 (Ernst Otto Lindner), 351 (Robert von Hornstein). Per le indicazioni bibliografiche dei testi schopenhaueriani citati si veda alla fine della presente Introduzione l'elenco delle edizioni utilizzate.

volte mi aveva dettato qualcosa, e che dopo la sua morte, per sua volontà, è stato distrutto».[1]

Frauenstädt, il quale aveva sperato di poter attingere all'inedito documento per la nuova edizione dei *Parerga e paralipomena* che stava approntando, rimase sommamente insoddisfatto della risposta. Tanto più che di lì a poco Gwinner diede alle stampe una biografia del filosofo – *Arthur Schopenhauer aus persönlichem Umgange dargestellt* (1862) – in cui erano riconoscibili alcuni brani troppo ben scritti, e troppo vicini allo stile di Schopenhauer, per poter essere di Gwinner. Insomma, si fece strada il sospetto che quest'ultimo, prima di ricorrere al fuoco, avesse ampiamente sfruttato le carte inedite in suo possesso per impreziosire la propria biografia del filosofo.

Ai discepoli più fedeli del maestro il comportamento di Gwinner apparve tanto più disdicevole in quanto egli si piccava di non essere schopenhaueriano e, anzi, aderendo a una *Weltanschauung* cristiana che si ispirava a Jacob Böhme e Franz von Baader, aveva preso le distanze dalla metafisica del pessimismo. Proprio nell'anno della scomparsa di Schopenhauer, Gwinner aveva pubblicato

1. Lindner-Frauenstädt, *Arthur Schopenhauer. Von ihm. Über ihn*, p. 6.

con lo pseudonimo di Natalis Victor un romanzo, *Diana und Endymion*, da cui si ricavano utili ragguagli in merito.

4. *Gwinner alle strette*

Che fece allora Frauenstädt? Cercò di raccogliere consensi tra gli adepti schopenhaueriani per attaccare Gwinner e costringerlo all'ammissione o alla restituzione del quaderno scomparso. In risposta alla biografia di Gwinner pubblicò, insieme al già menzionato Ernst Otto Lindner, un ampio volume di memorie e inediti: *Arthur Schopenhauer. Von ihm. Über ihn. Ein Wort der Vertheidigung von Ernst Otto Lindner und Memorabilien. Briefe und Nachlaßstücke von Julius Frauenstädt* (1863).

Preziosa fu la testimonianza personale di Lindner. Ricordando che Schopenhauer gli aveva confidato diverse informazioni sull'*Eis heautón*, l'ultima volta nel 1858, egli respingeva *expressis verbis* la versione di Gwinner: «Continua a sembrarmi molto strano» contestava «che Schopenhauer stesso abbia ordinato la distruzione dello scritto. Ciò non si accorda per nulla con le dichiarazioni che fece a me. Siffatta disposizione è peraltro difficile da conciliare con la sua natura assai prudente, ed è perciò arduo credere che abbia affidato la distruzione di uno scritto per lui tanto importante ... alla buona volontà di un esecutore testamentario».[1] Lindner ribadiva inoltre l'accusa di plagio: gli evidenti salti di stile che si notavano nel testo di Gwinner potevano essere spiegati solo ipotizzando che nella propria esposizione biografica quest'ultimo avesse semplicemente ripreso alla lettera brani del manoscritto segreto.

Gwinner si difese con il libello *Schopenhauer und seine Freunde. Zur Beleuchtung der Frauenstädt-Lindnerschen Vertheidigung sowie zur Ergänzung der Schrift «Arthur Schopenhauer aus persönlichem Umgange dargestellt»* (1863). Ma nel respingere con sdegno l'accusa di plagio faceva un'involontaria ammissione: riconosceva che Schopenhauer gli aveva «comunicato» e «letto» alcune parti del controverso quaderno, che egli aveva poi trascritte e incluse nella sua biografia.

5. *Strano comportamento*

In verità, sarebbe stato semplice per Gwinner fugare dubbi e perplessità. Gli sarebbe bastato pubblicare i propri appunti, e chiunque avrebbe potuto verificare i fatti, ovvero

1. *Loc. cit.*

separare con chiarezza ciò che era scaturito dalla sua penna, e ciò che invece risaliva a formulazioni più o meno dirette del maestro.
Da qualche indizio si può peraltro arguire che in realtà egli non avesse distrutto quelle carte ma, al contrario, le conservasse in tutta segretezza. Per esempio, nelle ulteriori edizioni della sua biografia (seconda ediz. con il titolo *Schopenhauers Leben*, 1878; terza ediz., 1910) aggiunse nuove affermazioni di Schopenhauer, citandole alla lettera, tra virgolette: evidentemente poteva attingerle dalle carte inedite in suo possesso. Oppure: nel carteggio con vari corrispondenti fornisce loro precisazioni e dettagli. E qual era la sua fonte? Ovviamente quelle medesime carte.
Il fatto è, però, che Gwinner non rese pubblico nulla del materiale che possedeva, lasciando ai posteri il compito di immaginare le ragioni per le quali non aveva voluto svelare il proprio segreto.

6. *Di padre in figlio*

Alla morte di Gwinner (27 gennaio 1917) le misteriose carte passarono nelle mani del figlio Arthur, console in Spagna e poi alto funzionario della Deutsche Bank. Il quale a un certo punto pensò di dissigillarle, come risulta da una notizia della stampa fran-

cofortese del 4 giugno 1918: «Schopenhaueriana. Riceviamo e pubblichiamo il seguente annuncio: il direttore Arthur von Gwinner, francofortese di nascita, ha regalato alla Stadtbibliothek di Francoforte i preziosi appunti di suo padre sul filosofo Schopenhauer. Essi potranno essere aperti soltanto dopo dieci anni dalla morte del loro autore, che fu amico del filosofo».[1]
A prescindere dal singolare blocco decennale, quelle carte in realtà non approdarono mai alla Stadtbibliothek. Né la vedova, né più tardi la nipote, Charlotte von Gwinner, furono in grado di ritrovarle.

7. *Ancora accuse: Grisebach*

La polemica si riaccese quando Eduard Grisebach, editore delle opere schopenhaueriane, incappò di nuovo nel problema, e di nuovo notò la dipendenza di alcune parti della biografia di Gwinner da frasi che probabilmente stavano nel manoscritto scomparso. Con una serie di argomenti – richiamandosi in particolare a un'affermazione fatta dallo stesso Gwinner il 22 aprile 1870, secondo cui «per il suo libro egli aveva trat-

1. In Schopenhauer, *Der handschriftlicher Nachlaß*, vol. IV, tomo II, p. 292.

to singoli passaggi dall'*Eis heautón*, ed era possibile che alcuni fossero stati ripresi addirittura alla lettera» –,[1] Grisebach sostenne con decisione l'accusa di plagio e perfino di falsa dichiarazione, giacché riteneva che Schopenhauer non avesse mai impartito la disposizione di distruggere l'*Eis heautón*. Egli riteneva fra l'altro che il manoscritto originale non contasse una trentina di pagine, come affermava Gwinner, bensì almeno una ottantina.

8. *Le ricostruzioni del testo e la presente edizione*

Grisebach approfondì dunque lo studio del problema e intraprese il primo tentativo di ricostruzione congetturale del taccuino perduto: individuati i passaggi della biografia di Gwinner che con ogni probabilità risalivano al manoscritto schopenhaueriano, li raccolse, li ordinò combinando vari criteri, cronologico e tematico, e, voltili in prima persona, dalla terza in cui si trovavano in Gwinner, li pubblicò nel volume da lui curato: *Schopenhauer's Gespräche und Selbstgespräche* (1898, pp. 95-123, apparati pp. 125-39; seconda ediz. ampliata, 1902, pp. 120-30, ap-

1. *Edita und Inedita Schopenhaueriana*, a cura di E. Grisebach, p. 36.

parati pp. 151-69). Più tardi, nella sua edizione degli scritti postumi, in quelli che chiamò *Neue Paralipomena*, inserì un intero capitolo, il XXII, con il titolo *Eis heautón: über sich selbst*, comprendente altro materiale autobiografico.[1]

Sulla base del lavoro svolto da Grisebach, ma effettuando un riesame del lascito manoscritto e procedendo a una datazione dei brani, Arthur Hübscher ha proposto una nuova ricostruzione del testo. Una prima volta nell'ambito dell'edizione dei *Sämtliche Werke* diretta da Paul Deussen (vol. XVI, 1942, pp. 61-91, commento e apparati pp. 559-77). Una seconda, con ulteriori perfezionamenti, nell'ultimo volume della sua edizione delle carte postume (*Der handschriftliche Nachlaß*, vol. IV, tomo II, pp. 106-29, commento e apparati pp. 288-306).

La presente edizione – per la quale mi sono avvalso del prezioso aiuto di Maddalena Buri – tiene conto di entrambe le ricostruzioni, Grisebach e Hübscher, preferendo generalmente la seconda, di cui utilizza la cronologia, ma in alcuni punti segue una strada propria. Considerato infatti il carattere congetturale e incompleto della cronologia, soprattutto nell'esordio e nella parte iniziale

1. *Arthur Schopenhauers handschriftlicher Nachlaß*, a cura di E. Grisebach, vol. IV, pp. 338-64.

del testo si è scelto di ordinare i frammenti secondo un criterio tematico.
Ciò che ne risulta consente di farsi un'idea sufficientemente chiara del manualetto di filosofia pratica che Schopenhauer si era approntato nel corso degli anni. Vi si possono individuare le regole fondamentali della saggezza di vita da lui seguita: autarchia, autostima, amor proprio, vita solitaria, aristocrazia dell'intelligenza, sana misantropia, prudenza nei rapporti con l'altro sesso, e così via. Al fondo di tutto ciò l'incrollabile convinzione che nei dubbi e nelle incertezze di cui la vita è disseminata sia sempre meglio ragionare *ex summo malo*, ovvero pensare sempre al peggio, piuttosto che lasciarsi ingannare dal miraggio del bene o dall'improbabile evento della bontà altrui.
Pur nell'inevitabile frammentarietà della ricostruzione, questo «libro segreto» apre quindi un accesso diretto e privilegiato ai pensieri intimi del maestro del pessimismo. Per il quale – è vero – la vita non è bella, eppure la filosofia può fare molto per renderne più sopportabile l'insostenibile e fatale leggerezza.

EDIZIONI E TESTI SCHOPENHAUERIANI UTILIZZATI

Edita und Inedita Schopenhaueriana, a cura di Eduard Grisebach, Brockhaus, Leipzig, 1888.

Schopenhauer's Gespräche und Selbstgespräche, a cura di Eduard Grisebach, Ernst Hofmann & Co., Berlin, 1898 (seconda ediz. ampliata, 1902).

Arthur Schopenhauers handschriftlicher Nachlaß, a cura di Eduard Grisebach, 4 voll., Reclam, Leipzig, 1891-1893 (seconda ediz., 1895-1901; terza ediz., 1926-1931).

S*ämtliche Werke*, a cura di Paul Deussen, 13 voll., Piper, München, 1911-1942.

Sämtliche Werke, a cura di Arthur Hübscher, 7 voll., terza ediz., Brockhaus, Wiesbaden, 1972 (quarta ediz. riveduta da Angelika Hübscher, Brockhaus, Mannheim, 1988). Le citazioni dalle opere pubblicate in vita sono ricavate da questa edizione, in particolare dai voll. II-III (*Die Welt als Wille und Vorstellung*); e dai voll. V-VI (*Parerga und Paralipomena*).

Der handschriftliche Nachlaß, a cura di Arthur Hübscher, 5 voll. in 6 tomi, Kramer, Frankfurt a. M., 1966-1975 (ristampa anastatica, Deutscher Taschenbuch Verlag, München, 1985); ediz. italiana, *Scritti postumi*, Adelphi, Milano, 1996-.

Gespräche, a cura di Arthur Hübscher, Frommann-Holzboog, Stuttgart-Bad Cannstatt, 1971; trad. it. *Colloqui*, a cura di Anacleto Verrecchia, Rizzoli, Milano, 1982.

Gesammelte Briefe, a cura di Arthur Hübscher, Bouvier, Bonn, 1978.

Werke in fünf Bänden, a cura di Ludger Lütkehaus, Haffmans, Zürich, 1988.

Die Schopenhauers. Der Familien-Briefwechsel von Adele, Arthur, Heinrich Floris und Johanna Schopenhauer, a cura di Ludger Lütkehaus, Haffmans, Zürich, 1991; trad. it. di Ingrid Harbeck, *La famiglia Schopenhauer. Carteggio tra Adele, Arthur, Heinrich Floris e Johanna Schopenhauer*, Sellerio, Palermo, 1995.

Il mondo come volontà e rappresentazione, a cura di Ada Vigliani, Presentazione di Gianni Vattimo, Mondadori, Milano, 1989.

Parerga e paralipomena, tomo I a cura di Giorgio Colli, tomo II a cura di Mario Carpitella, Adelphi, Milano, 1981-1983 (nuova ediz. riveduta, 1998).

Wilhelm Gwinner, *Arthur Schopenhauer aus persönlichem Umgange dargestellt*, Brockhaus, Leipzig, 1862 (nuova edizione a cura di Charlotte von Gwinner, 1922; edizione ridotta a cura di C. von Gwinner, Kramer, Frankfurt a. M., 1963).

Arthur Schopenhauer. Von ihm. Über ihn. Ein Wort der Vertheidigung von Ernst Otto Lindner und Memorabilien. Briefe und Nachlaßstücke von Julius Frauenstädt, Hayn, Berlin, 1863.

Wilhelm Gwinner, *Schopenhauer und seine Freunde. Zur Beleuchtung der Frauenstädt-Lindnerschen Vertheidigung sowie zur Ergänzung der Schrift «Arthur Schopenhauer aus persönlichem Umgange dargestellt»*, Brockhaus, Leipzig, 1863.

[L'ARTE DI CONOSCERE SE STESSI OVVERO] EIS HEAUTÓN

1

Volere il meno possibile e conoscere il più possibile è la massima che ha guidato la mia vita. La Volontà è infatti l'elemento assolutamente infimo e spregevole in noi: bisogna nasconderlo come si nascondono i genitali, benché siano entrambi le radici del nostro essere.[1] La mia vita è eroica, e non si può valutare con un metro da filisteo o con il cubito del bottegaio, né con una misura proporzionata alla gente comune, che non vive altra esistenza se non quella individuale, limitata a un breve lasso di tempo. Per questo non devo turbarmi se penso a quanto mi manchi ciò che fa parte della regolare vita dell'individuo: ufficio, casa, vita sociale, moglie e prole. L'esistenza degli esseri comuni si risolve in questo. La mia vita invece è una vita intellettuale, il cui imperturbato procedere e l'indisturbata operosità devono dare frutto nei pochi anni della piena forza mentale e del suo libero impiego per arricchire secoli dell'umanità. La mia vita personale è soltanto la base di questa vita intellettuale,

1. Cfr. *Parerga und Paralipomena,* vol. II, p. 635 (trad. it. tomo II, p. 810).

la *conditio sine qua non* – un elemento del tutto subordinato, quindi. Quanto più questa base sarà sottile, tanto più sarà sicura; se produce ciò che deve produrre in relazione alla mia vita intellettuale, ha raggiunto il suo scopo. L'istinto di cui tale vita è provvista, e la cui esistenza obbedisce a scopi intellettuali, è stato anche per me una guida sicura: in tal modo io non ho badato agli scopi personali e ho investito tutto nella mia esistenza spirituale. Non posso perciò nemmeno meravigliarmi che la mia vita personale sembri incoerente e in sé disordinata: è come la voce di ripieno nell'armonia, la quale non può avere in sé alcuna continuità giacché serve soltanto da sottofondo alla voce principale, dove invece c'è continuità. Ciò che inevitabilmente manca alla mia vita personale mi è restituito in altro modo con il pieno godimento – durante tutta la vita – del mio spirito e della mia aspirazione secondo l'orientamento innato; anzi, se lo possedessi, mi risulterebbe indigesto e di intralcio. Uno spirito che di suo dona e crea, e precisamente ciò che nessun altro può dare e creare in tal modo, e che proprio per questo permarrà e durerà – voler costringere un siffatto spirito a cose diverse, imporgli in generale servizi coatti, e distoglierlo così dalle sue donazioni spontanee, sarebbe crudele e insieme stolto.

2

Già nella mia prima giovinezza, osservando me stesso ho notato che mentre tutti gli altri aspiravano a beni esteriori io non dovevo mirare a questo. Serbo infatti in me un tesoro che ha un valore infinitamente superiore a ogni bene esteriore, e si tratta soltanto di portarlo alla luce: ma le prime condizioni per farlo sono l'educazione spirituale e il tempo libero a completa disposizione, quindi l'indipendenza. La consapevolezza di ciò, oscura e vaga agli inizi, mi si fece di anno in anno più chiara, ed è sempre bastata a rendermi prudente e oculato, cioè a preoccuparmi di salvaguardare me stesso e la mia libertà, e non un bene esteriore, quale che fosse. Andando contro la natura e il diritto umano ho dovuto sottrarre le mie forze al servizio della mia persona e alla promozione del mio benessere per offrirle al servizio dell'umanità. Il mio intelletto non è appartenuto a me, bensì al mondo. La percezione di questa condizione eccezionale e del difficile compito che richiedeva – *vivere senza impiegare le mie forze per me stesso* – mi ha sempre angosciato e mi ha reso ancora più apprensivo e ansioso di quanto già non fossi per natura. Eppure sono andato fino in fondo, ho risolto il compito, compiuto la mia missione. Per questo sono stato legittimato a vigilare con scrupolo che anche da vecchio mi rimanesse il sostegno della parte di eredità paterna che tanto a lungo mi ha mantenuto, e senza la quale l'umanità non avrebbe avuto nulla da me. Nessun ufficio al mondo, nessun incarico di ministro o di governatore mi avrebbero risarcito del tempo libero che mi è stato concesso per nascita.

3

L'importanza dell'uomo intellettuale immortale è stata in me infinitamente più grande rispetto a quella dell'individuo. Al punto che, per quante preoccupazioni personali gravassero su di me, le ho subito dimenticate e lasciate svanire non appena si destava un pensiero filosofico: perché un tale pensiero è sempre stato per me la cosa più seria, tutto il resto era divertimento. È questo il diploma di nobiltà e la lettera di privilegio della natura. La felicità dell'uomo comune consiste nell'alternanza di lavoro e piacere: per me, invece, sono una cosa sola. Questa è la ragione per la quale la vita di uomini della mia specie è necessariamente un monodramma. Missionari della verità per il genere umano, come me, una volta capito chi sono avranno in comune ben poco con gli uomini se non la loro missione, allo stesso modo in cui i missionari in Cina non fraternizzano con i cinesi. Un uomo come me, soprattutto finché è giovane, si sente costantemente, in tutte le situazioni della vita, simile a chi indossa abiti che non gli vanno bene.

4

Ciò che tra le cose esterne è più vicino alla mia persona, come la camicia al corpo, è la mia indipendenza: essa non ammette che io sia costretto a dimenticare chi sono e assuma il ruolo di un altro, per esempio quello di una musa prezzolata, o di un professore – per il quale il proprio sapere e il proprio pensiero sono ciò che per il bottegaio è la merce che espone in vetrina –, o il ruolo di un consigliere relatore, o di un maggiordomo.

5

Gli uomini con i quali vivo possono essere nulla per me. Perciò il mio massimo godimento nella vita sono i monumenti, i pensieri tramandati di esseri simili a me, che un tempo si sono affannati, come me, tra quelli. La loro lettera morta mi parla in un tono più familiare che non la viva esistenza dei bipedi. Per l'emigrato, infatti, una lettera da casa vale più di una conversazione con gli stranieri che gli stanno intorno. E così pure per il viaggiatore su isole deserte le tracce di esseri umani che un tempo sono passati di lì sono più familiari di tutte le scimmie e i cacatua sugli alberi.[1]

1. Ripreso in *Pandectae* (1834), p. 160, in *Der handschriftliche Nachlaß*, vol. IV, tomo I, p. 179.

6

Clima e modo di vivere a Berlino non mi si addicono. Si sta come su una nave: tutto è introvabile, costoso, difficile da avere, i cibi sono avvizziti e stantii; in compenso furfanterie e imbrogli di ogni specie sono all'ordine del giorno, peggio che nel paese dei limoni in fiore.[1] Ciò non solo impone a noi stessi le precauzioni più fastidiose, ma spesso fa sì che coloro che non ci conoscono nutrano nei nostri confronti sospetti che noi nemmeno ci sogneremmo e ci trattino come furbastri, finché si arriva all'esplosione fatale.

1. Cioè l'Italia, secondo il capoverso di una celebre ballata di Goethe: «*Kennst Du das Land? wo die Citronen blühen...*» [«Conosci la terra dei limoni in fiore...»], in *Tutte le poesie*, a cura di Roberto Fertonani, Mondadori, Milano, 1989, vol. I, tomo I, pp. 196-97.

7

Poiché per me il vero periodo della genialità creativa è passato, e d'ora in poi la mia vita sarà adatta soprattutto alla professione dell'insegnamento, essa dovrà svolgersi sotto gli occhi di tutti e avere nella società un sostegno che da scapolo non posso ottenere.[1]

1. Possibile allusione all'eventuale matrimonio con Caroline Medon, corista del Nationaltheater di Berlino, che Schopenhauer aveva conosciuto nel 1821, e con la quale intrattenne un'intensa e lunga relazione.

8

Nei momenti di infelicità penso sempre a che cosa significhi il fatto che un uomo come me possa vivere l'intera vita sviluppando le proprie predisposizioni e la propria vocazione innata. E penso a tutti quelli che invece mi davano contro sostenendo che così non andava e che sarei stato molto infelice. Se a volte mi sono sentito infelice, è accaduto più per una *méprise*, per uno sbaglio di persona, perché mi sono creduto un altro rispetto a quello che sono, e ho compianto la miseria di costui: per esempio quando pensavo di essere un libero docente che non riesce a diventare professore e non ha studenti; o uno di cui quel tale filisteo parla male e quella tale pettegola maligna; o un accusato in quel processo per offese;[1] o l'a-

1. Allusione al processo che Caroline Marquet, una sarta sua vicina, gli intentò in seguito a un alterco scoppiato tra loro. La Marquet si era fermata sulla porta di casa a chiacchierare, disturbando il filosofo nei suoi pensieri o, secondo alcuni, in uno dei suoi incontri galanti con Caroline Medon. Un processo trascinatosi fino al 1826 stabilì che Schopenhauer aveva malmenato la Marquet e le aveva procurato lesioni corporali: da qui la condanna per «Realinjurie» a pagarle un vitalizio.

mante al quale la fanciulla di cui si era invaghito non vuole dare ascolto; o il paziente costretto a casa dalla propria malattia; o altre persone tormentate da analoghe miserie. Io non sono stato niente di tutto questo, è tutta stoffa a me estranea, di cui è fatto semmai l'abito che ho indossato per un poco, e che poi ho smesso per un altro. Ma chi sono mai io? Colui che ha scritto *Il mondo come volontà e rappresentazione* e che ha dato una soluzione al grande problema dell'esistenza, tale da rendere forse obsolete le precedenti, e che comunque occuperà i pensatori per i secoli a venire. Questo sono io, e che cosa potrebbe tangermi negli anni che mi restano ancora da vivere?

9

All'età di ventinove anni una volta mi venne incontro un tale per dirmi che sarei diventato qualcuno di grande. Un italiano a me del tutto sconosciuto mi apostrofò con queste parole: «Signore, lei deve avere fatto qualche grande opera: non so cosa sia, ma lo vedo al suo viso».[1] Un inglese che mi aveva visto appena sviluppò la convinzione che avessi una mente straordinaria. Un francese disse subito di me: «*Je voudrais savoir ce qu'il pense de nous autres; nous devons paraître bien petits à ses yeux. C'est qu'il est un être supérieur*» [«Vorrei sapere che cosa pensa di noi; dobbiamo sembrare ben piccini ai suoi occhi. È un essere superiore»]. Il figlio di una famiglia inglese di passaggio, che nella stanza degli ospiti aveva preso posto proprio accanto a me, esclamò agitato: «*No, I'll sit here, I like to see his intellectual face!*» [«No, resterò seduto qui, mi piace vedere il suo volto di intellettuale!»].

1. In italiano nel testo. L'episodio è riferito anche da Julius Frauenstädt (Schopenhauer, *Gespräche*, p. 96; trad. it. pp. 108-109) e da Robert von Hornstein, che lo ritiene accaduto a Firenze (*Gespräche*, p. 216).

10

Appena superata la pubertà, avevo già capito quale fosse la mia posizione nel mondo e rispetto al mondo con sufficiente chiarezza per applicare alla mia condotta di vita il detto di Chamfort: «*Il y a une prudence supérieure à celle qu'on qualifie ordinairement de ce nom, elle consiste à suivre hardiment son caractère, en acceptant avec courage les désavantages et les inconvénients qu'il peut produire*» [«C'è una saggezza superiore a quella che di solito è chiamata con questo nome, essa consiste nell'assecondare arditamente il proprio carattere, accettando con coraggio gli svantaggi e gli inconvenienti che può provocare»].[1]

1. Cfr. Chamfort, *Produits de la civilisation perfectionnée. Maximes et pensées, caractères et anecdotes*, a cura di Jean Dagen, Garnier-Flammarion, Paris, 1968, cap. I, n. 38 (trad. it. *Massime, pensieri, caratteri e aneddoti*, a cura di Bruno Nacci, Giunti, Firenze, 1997, p. 15: «Esiste una forma di prudenza superiore a quella che di solito viene chiamata con questo nome: una è la prudenza dell'aquila, l'altra quella delle talpe. La prima consiste nell'assecondare arditamente la propria personalità, accettando con coraggio gli svantaggi e gli inconvenienti che può causare»).

Non temo per la dignità morale delle mie azioni; penso infatti con Polonio:

This above all, – to thine own self be true;
And it must follow, as the night the day,
Thou canst not then be false to any man.

[« Questo soprattutto: sii fedele a te stesso,
E ne seguirà, come la notte al giorno,
Che non potrai essere falso con nessun altro ».

Shakespeare, *Amleto*, I, III, vv. 78-80]

11

Per quanto riguarda le mie pretese, coloro che sono in grado di percepire su che cosa si fondano le lascerebbero sussistere perché esse non interferiscono con i loro interessi, e tale sensibilità e tolleranza rendono loro onore dal punto di vista intellettuale e morale. Ciò nonostante, le lascerebbero sussistere solo alla condizione che io lo riconosca come un regalo, allo stesso modo in cui in fondo alle quietanze di pagamento si pone un «ricevuto con gratitudine» anche se si trattava di un maledetto debito; o come alla fine delle commedie di Plauto si trova un supplichevole *plaudite!*[1] Dunque non è mai consentito avanzare pretese maggiori di ogni altro: la gente infatti si basa sul convincimento che nessuna costrizione esterna la obblighi nei miei confronti, e me lo farà capire non appena mostrerò loro di saperlo. Per costoro è naturale il timore del disdegno (*despectio*), e chiunque si aspetta che gli altri non lo considerino inferiore a quan-

1. Cfr. Cicerone, *De senectute*, 19; Orazio, *Ars poetica*, 135; Suetonio, *Augustus*, 99, 1 mette l'espressione in bocca ad Augusto morente.

to essi considerano se stessi. Tengono saldo questo principio: «*Par sum unicuique et moriatur qui me contemnit!*» [«Sono uguale a chiunque, e muoia chi mi disprezza!»].[1] Questa preoccupazione non mi tange. Per natura sono fatto in modo tale che tutti coloro che non vogliono essere annoverati tra i migliori non possono che considerarmi con sospetto (*suspectio*). Io tengo fermo quest'altro principio: «*Contemnite me, si potestis, vestro periculo, non meo!*» [«Disprezzatemi pure, se potete, a vostro rischio, non mio!»].[2]

1. Sentenza formulata probabilmente da Schopenhauer stesso in latino.

2. Cfr. Marco Aurelio, *Tà eis heautón*, XI, 13.

12

Sì, al tempo in cui la giovinezza della mia fantasia popolava ancora il mondo di esseri simili a me, ho avuto una certa propensione alla socievolezza, e quando, dopo un'assenza di parecchi anni dovuta al mio secondo viaggio in Italia, ho fatto ritorno a Dresda e a Berlino, tutti mi hanno trovato meravigliosamente trasformato: tanta era stata in precedenza la mia malinconia, quando l'istinto naturale alla socievolezza, la voglia di confidarsi e il sincero bisogno di fare esperienza si bilanciavano ancora con la nausea per il genere umano. Con il passaggio alla maturità l'esperienza fatta ha rinsaldato questa forza di repulsione e indebolito l'altra. Da allora ho acquistato poco alla volta un «occhio che rispecchia solitudine», sono diventato sistematicamente misantropo e mi sono proposto di dedicare il resto di questa vita transeunte unicamente a me stesso, perdendone il meno possibile con quelle creature che, per la circostanza di avere due gambe, si sentono legittimate a ritenerci loro simili; o che, pur accorgendosi – come accade il più delle volte – che non lo siamo, si sentono saggiamente autorizzate a ignorarlo e a trattarci come loro simili; mentre noi, già afflitti per via del fatto che non lo sono, dobbiamo provare anche il dolore del subire un torto.

13

Respingo la tesi di Bacone secondo il quale la diffidenza riposa sull'ignoranza, e con Chamfort penso che l'inizio della saggezza sia il timore degli uomini.[1] Demostene ha ragione quando afferma che fossati e mura sono una buona difesa. Ma la migliore difesa è l'ἀπιστία [diffidenza]. Io penso e agisco secondo il detto di Biante: οἱ πλεῖστοι ἄνθρωποι κακοί [«La maggior parte degli uomini è malvagia»][2] e secondo le massime

1. Cfr. Chamfort, *Produits de la civilisation perfectionnée*, cit., cap. II, n. 116: «*L'Écriture a dit que le commencement de la sagesse était la crainte de Dieu; moi, je crois que c'est la crainte des hommes*» (trad. it. cit., p. 30: «La Scrittura ha detto che l'inizio della saggezza fu il timore di Dio; io credo che sia il timore degli uomini»). La citazione è utilizzata da Schopenhauer anche nella Prefazione alla prima edizione dell'*Etica* (1841).

2. Detto attribuito a Biante, uno dei Sette Sapienti (cfr. Diogene Laerzio, I, 5, 87; Stobeo, III, 1, 172). Schopenhauer lo scoprì iscritto sotto il busto di Biante in Vaticano (cfr. *Der handschriftliche Nachlaß*, vol. III, p. 9), e lo cita più volte nelle sue carte e nell'epistolario (lettere a Osann del 24 maggio 1822 e a Frauenstädt del 22 giugno 1854; cfr. *Gesammelte Briefe*, pp. 86-87 e p. 346).

di Leopardi: «L'impostura è l'anima della vita sociale»[1] e «Il mondo è una lega di birbanti contro gli uomini da bene, e di vili contro i generosi».[2]

1. Giacomo Leopardi, *Pensieri*, XXIX, nell'edizione usata da Schopenhauer: *Opere*, edizione accresciuta, ordinata e corretta secondo l'ultimo intendimento dell'autore da Antonio Ranieri, 2 voll., Le Monnier, Firenze, 1845, vol. II, p. 128. In italiano nel testo.

2. *Ibid.*, p. 107; in italiano nel testo.

14

Associo al desiderio di possedere una donna che mi appartenga interamente il progetto di trasferirmi in una città di provincia dove non abbia occasioni di acquistare libri – un bisogno la cui soddisfazione minaccia la mia economia a Berlino in caso di matrimonio. Eppure...

ἀλλ' ἄγε δὴ σύ, φίλος, μῆτιν ἐμβάλλεο θυμῷ
παντοίην ... φρονέων πεφυλαγμένος εἶναι.

[«Orsù, dunque, mio caro, rammenta tutto quel che sai ... sii prudente e sta' bene attento».

Omero, *Iliade*, XXIII, vv. 313-14, 343]

15

Uno dei punti in cui l'inesperienza e la saggezza pratica (*Weltklugheit*)[1] sono contrapposte è che la prima, nella sua coscienza e nel suo agire e discorrere, ha a che fare nel complesso soltanto con un *tu* generico e indeterminato. Quindi non modula molto il proprio comportamento secondo il prestigio della persona con cui tratta, ma dispensa la sua fiducia in misura grosso modo uguale, quale che siano le sembianze in cui il tu le si presenta. Applica inoltre in misura *uguale* la sua cautela anche nell'occultare e nel coprire le proprie debolezze e i propri difetti, senza riflettere se il tu cui si costringe a piacere, facendo violenza alla propria natura, sia la figura più estranea e passeggera o un convitato stabile. La saggezza pratica invece guarda ovunque alla persona: per essa l'una è meritevole di fiducia incondizionata, l'altra non ha il credito di un soldo; se a osservarla è una certa persona, si impone

1. Schopenhauer comincia a usare tale concetto in occasione della traduzione dell'*Oráculo manual y arte de prudencia* di Baltasar Gracián (1829) per rendere il termine *prudencia.*

costrizioni che durano anni, e soffoca il più piccolo moto di ciò che intende coprire; a un'altra spiattella con spudorata sfacciataggine la sua vera natura, e non se ne vergogna neanche per un istante. Quanto più questa saggezza è comune nella società umana, tanto più se ne nota la mancanza. Ma se ci imbattiamo in quell'inesperienza, per di più nell'età avanzata, siamo inclini a inferirne un elevato grado di limitatezza mentale, oppure genialità.

16

La cortesia, al pari di un gettone, è palesemente una moneta falsa: lesinarla dimostra ottusità; usarne con liberalità invece intelligenza. Chi al contrario spinge la cortesia fino a sacrificare interessi reali è come chi dispensa monete d'oro autentiche al posto di gettoni.

Così come la cera, dura e friabile per natura, con un po' di calore diventa tanto duttile da assumere qualsiasi forma, allo stesso modo con un po' di cortesia e di gentilezza si possono rendere malleabili e garbate persone riottose e astiose. La cortesia è quindi per l'uomo ciò che il calore è per la cera.[1]

1. Entrambi i frammenti sono stati utilizzati in *Parerga und Paralipomena*, vol. I, p. 493 (trad. it. tomo I, pp. 625-26).

17

«It's safer trusting fear than faith» [«È più sicuro contare sulla paura che sulla fiducia»].[1] Da ricordare sempre che non mi trovo nel mio paese, tra esseri simili a me, ma che per un duro e singolare destino, che solo la conoscenza può alleviare, devo vivere tra gente che mi è più estranea di quanto non lo siano i cinesi per l'europeo, tra *bipedes*, tra «*hombres que no lo son*».[2] La conoscenza del detto di Plauto «*homo homini lupus*»,[3] per altri accidentale, in me poggia su un istinto necessario. E come le bestie pericolose si temono ma non si odiano, così io faccio con gli uomini. Non voglio essere μισάνθρωπος [un odia-uomini], bensì καταφρονάνθρωπος [uno sprezza-uomini]. Per poter disprezzare, come è giusto, coloro che lo meritano,

1. Detto coniato con ogni probabilità dallo stesso Schopenhauer direttamente in inglese. Corrisponde all'italiano: «Fidarsi è bene, non fidarsi è meglio».

2. Espressione di Baltasar Gracián; cfr. *Parerga und Paralipomena*, vol. II, p. 86 (trad. it. tomo II, p. 112).

3. Cfr. Plauto, *Asinaria*, II, v. 495: «*lupus est homo homini*»; cfr. anche Plinio, *Historia naturalis*, VII, 1; Seneca, *Epistulae*, 103, 1.

cioè cinque sesti dell'umanità, la prima condizione è non odiarli. Perciò non bisogna lasciar montare dentro di sé l'odio, giacché ciò che si odia non lo si disprezza del tutto. Daccapo, il mezzo più sicuro contro l'odio verso il genere umano è disprezzarlo; ma di un disprezzo davvero profondo, risultato di una cognizione ben chiara e distinta dell'incredibile meschineria delle sue convinzioni, dell'enorme limitatezza del suo intelletto e dello sconfinato egoismo del suo cuore, dal quale scaturiscono un'ingiustizia che grida vendetta, un'invidia da far impallidire e una cattiveria che a volte raggiunge la crudeltà.

18

In un mondo in cui almeno cinque sesti degli uomini sono furfanti, folli o babbei, per ogni individuo del rimanente sesto, quanto più si distingue dagli altri, la base del suo sistema di vita deve essere l'esistenza appartata, e quanto più è tale, tanto meglio. La convinzione che il mondo sia un eremo in cui non bisogna tenere conto della società deve diventare una sensazione e un'abitudine. Come le pareti limitano lo sguardo, che poi torna a dilatarsi quando davanti a sé ha soltanto campi e campagna, così la società limita la mia mente e la solitudine torna a dilatarla. Giordano Bruno dice di colui che cerca e raggiunge la verità che, da uomo comune, normale, civile e urbano, diventa un selvaggio, simile a un cervo o a un anacoreta, e tutti coloro che in questo mondo avrebbero voluto godere di una vita più elevata direbbero all'unisono: «*Ecce elongavi fugiens et mansi in solitudinem*» [«Ecco, fuggii lontano e rimasi in solitudine»; cfr. *Sal*, 55, *8*]. Infatti, l'occuparsi di cose divine li ha resi come morti per la massa (*Opere*, a cura di Adolfo Wagner, [Weidmann, Lipsia, 1830,] vol. II,

p. 408). Parimenti Kleist ha sentenziato, con l'approvazione di Schiller:

Ein wahrer Mensch muß fern von Menschen sein.

[«Un vero uomo deve tenersi lontano dagli uomini»].[1]

In un mondo così spregevole tutto ciò che non lo è inevitabilmente si isolerà, ed è proprio quanto è accaduto. Più ci si può affrancare dalla società degli uomini, meglio si sta. Come un affamato non tocca un'erba incommestibile o addirittura velenosa, così chi senta il bisogno di società deve fare lo stesso con gli uomini, per come sono. È perciò una grande e rara fortuna possedere in proprio tutto il necessario per non essere spinti dalla noia e dal tedio di sé a cercare la società degli uomini, dei quali perfino il nobile e mite Petrarca afferma: «*Non enim vile tantummodo foedumque, sed (quod invitus dico, quodque utinam non tam late notum experientia fecisset, assidueque faceret,) perniciosum quoque, varium et infidum et anceps et ferox et cruentum animal est homo!*» (*De vita solitaria, praefatio*)[2] [«Infatti l'uomo non è soltanto un animale

1. Christian Ewald von Kleist, *Sehnsucht nach Ruhe*, v. 120, in *Sämtliche Werke*, Schmieder, Karlsruhe, 1776, parte prima, p. 102.

2. Nell'edizione conservata nella propria biblioteca personale Schopenhauer ha sottolineato il passo (Joannes le Preux, Bernae, 1605, p. 14).

vile e ripugnante, bensì – lo dico controvoglia, e magari l'esperienza non lo avesse reso tanto noto e manifesto, e non continuasse a renderlo tale – anche dannoso, volubile, infido, ambiguo, feroce e cruento! »].

19

Ciò che nella vita concreta, sempre e ovunque, mi è stato di impedimento è che non sono stato in grado di formarmi, se non in età avanzata, un concetto sufficiente della piccineria e della miseria degli uomini.[1]

1. Cfr. *Spicilegia* (1839), p. 145, in *Der handschriftliche Nachlaß*, vol. IV, tomo I, p. 257.

20

In ogni epoca c'è stata nelle nazioni civili una stirpe di monaci naturali, gente che, cosciente di possedere capacità intellettuali superiori, ha anteposto a ogni altro bene la formazione e l'esercizio di queste, e quindi ha condotto una vita contemplativa, cioè attiva in senso spirituale, i cui frutti sono poi andati a vantaggio dell'umanità. Essi hanno rinunciato di conseguenza alla ricchezza, al guadagno, alla fama terrena, ad avere una famiglia propria: così vuole la legge di compensazione. La classe per gerarchia più nobile dell'umanità, del cui riconoscimento chiunque si onora, rinuncia alla comune nobiltà con una certa umiltà esteriore, analoga a quella dei monaci. Il mondo è il loro monastero, il loro eremo. Ciò che uno può essere per l'altro ha limiti assai ristretti: in fondo ciascuno è e rimane solo. Si tratta allora di capire *chi* sia solo. Fossi un re, per quel che mi riguarda non darei con tanta frequenza e insistenza altro comando che questo: lasciatemi solo! Persone come me dovrebbero vivere nell'illusione di essere l'unico uomo su un pianeta deserto, e fare di necessità virtù. La maggior parte della gente si accorge, già nel momento in cui fa la mia conoscenza, che non può essere nulla per me, e io nulla per loro. Possedendo un grado più elevato di coscienza, quindi un'esistenza superiore, la mia saggezza di vita consiste nel mantenere puro e imperturbato il godimento di essa, e a tale scopo non pretendere nient'altro. Perciò è già molto se con l'età e l'esperienza si raggiunge alla fine una *vue nette* dell'intera miseria morale e intellettuale degli uomini in generale. Così non si è più tentati di lasciarsi coinvolgere oltre il necessario, non si vive più continuamente in un dilemma come quello tra la sete e una disgustosa tisana, non ci si lascia più indurre in illusioni e a pensare gli uomini come si vorrebbe che fossero, tenendo invece sempre ben presente come sono. Perciò anche in questo caso:

Optimus ille animi vindex laedentia pectus,
Vincula qui rupit dedoluitque semel.

[«Il miglior liberatore dell'animo è
chi ruppe i legami
che opprimevano il cuore e cessò
di dolersene una volta per tutte».

Ovidio, *Remedia amoris*, vv. 293-94]

Mi sono abituato a sopportare molto da parte degli uomini perché ben presto ho capito che non potevo agire altrimenti se in qualche modo volevo avere a che fare con loro. Ma questa massima si forma in gioventù, quando si ha bisogno del rapporto con gli altri. L'esperienza e la maturità lo rendono superfluo, e sarebbe dunque folle riconquistarlo al prezzo di un'infinita pazienza. È meglio, come dice Goethe, abbandonare tutta questa gente a Dio, a se stessa, al diavolo.[1] Se non si vuole essere un balocco in mano a qualsiasi ragazzo o lo zimbello di ogni pazzo, la prima regola è: restare abbottonati! Ciò che pensa e sente un mio pari non assomiglia per nulla a ciò che costoro pensano e sentono. Perciò mi conviene rimanere

1. Cfr. Goethe, *Hypochonder* [*Ipocondriaco*], in *Epigrammatisch* [*Poesie epigrammatiche*], in *Tutte le poesie*, cit., vol. I, tomo I, pp. 882-83:

Der Teufel hol' das Menschengeschlecht!
Man möchte rasend werden!
Da nehm' ich mir so eifrig vor:
Will Niemand weiter sehen
Und all das Volk Gott und sich selbst
Und dem Teufem überlassen!
Und kaum seh ich ein Menschengesicht,
So hab' ich's wieder lieb.

[«Vada al diavolo il genere umano!
C'è da diventare furiosi!
Con fervore mi propongo allora
di non vedere anima viva,
di abbandonare tutti a Dio,
a se stessi, al diavolo!
E non appena scorgo un viso umano
riprovo per esso affetto»].

ermeticamente chiuso in me stesso. Il tono giusto nei loro confronti è l'ironia; ma un'ironia senz'alcuna affettazione, pacata, che non si tradisce. Non deve mai essere diretta contro colui con cui si sta parlando. Non avere mai smesso di praticarla, lo considero ogni volta una vittoria personale. Ci si deve abituare ad ascoltare qualunque cosa, anche la più folle, in tutta pacatezza, considerando l'insignificanza di chi parla e della sua opinione, ed evitando qualsiasi conflitto. In questo modo, più tardi si potrà ripensare alla scena con un senso di soddisfazione di sé. Si deve mantenere sempre presente l'intero: se ci si ferma al dettaglio, è facile sbagliarsi e si ha solo una visione errata delle cose. Non si potrà mai giudicare il corso di un fiume da questa o quell'ansa. Non si deve badare al successo o all'insuccesso del momento, e all'impressione che suscitano. Da come gli altri si comportano con noi non dobbiamo desumere e apprendere chi siamo *noi*, bensì chi sono *loro*. In quest'ultimo senso possiamo osservare il loro comportamento con freddezza, nel primo no. In una conversazione a due, di solito ciascuno si prende in certa misura gioco dell'altro. Pertanto, in ogni attimo di fredda razionalità si ripenserà con una sensazione di trionfo a ogni attimo di ironia, con vergogna a ogni effusione sentimentale. Mai si deve accondiscendere al piacere di parlare per parlare, perché la loquacità si trasforma in schiettezza. Si osservi soltanto quanto diversa è la faccia che uno fa mentre ci ascolta da quella che fa quando ci parla.

21

Poiché aumentando la confidenza diminuisce la riverenza – dato che le nature comuni sono solite disprezzare tutto ciò che non sia per loro difficile da ottenere –, bisogna, andando contro la tendenza naturale, applicarsi alla socievolezza con la massima parsimonia.

La centosettantasettesima regola di Gracián:[1] «Evitare la troppa confidenza nei modi».

«*Virtues, like essences, lose their fragrance when exposed. They are sensitive plants, which will not bear too familiar approaches*» [«Le virtù, come le essenze, se esposte perdono la loro fragranza. Sono piante sensibili che non sopportano contatti troppo intimi»]. ([William] Shenstone, *Essays on Men and Manners*, [J. Cundee, London, 1802,] pp. 41 e 163).

1. Cioè del suo *Oráculo manual y arte de prudencia.*

22

Non appena ho cominciato a pensare, mi sono sentito diviso dal mondo. Spesso in gioventù ho temuto per me, perché ho creduto che la ragione sarebbe stata dalla parte della maggioranza. È stato Helvétius il primo a rinfrancarmi. Poi, dopo ogni nuovo conflitto, il mondo ha perso sempre di più, e io sempre più guadagnato. Già a quarant'anni mi è sembrato di avere vinto in ultima istanza il processo, e mi sono sentito più in alto di quanto non avessi mai osato immaginare: ma il mondo è diventato per me vuoto e desolato. Per tutta la vita mi sono sentito terribilmente solo, e nell'intimo ho sempre sospirato:

> *Jetzt gieb mir einen Menschen!*
>
> [«Ora dammi un essere umano!».
>
> Schiller, *Don Carlos*, III, v, v. 2808]

Invano. Sono rimasto solo. Eppure, in tutta sincerità posso dire che non è dipeso da me: non ho respinto né rifuggito nessuno che, di mente e di cuore, fosse un essere umano: non ho trovato altro che miseri gnomi, limitati di cervello, malvagi di cuore, di vili sentimenti, con l'eccezione di Goethe, Fernow, semmai F.A. Wolf e pochi altri, tutti più anziani di me da venticinque a quarant'anni. Perciò un po' alla volta il disappunto verso singoli individui ha dovuto fare posto al disprezzo dell'insieme. Mi sono presto reso conto della differenza tra me e gli uomini. Ma ho pensato: conoscine prima cento, e troverai di certo il tuo uomo; poi: lo troverai tra mille; poi ancora: alla fine lo troverò, sia pure tra molte migliaia. Alla fine ho capito che la Natura è ancora infinitamente più avara, e che io debbo sopportare con dignità e pazienza la «*solitude of Kings*» (Byron [*Prophecy of Dante*, 1, v. 166]).[1]

1. Nei «Supplementi» a *Il mondo come volontà e rappresentazione*, libro I, cap. 15 (trad. it. p. 922), Schopenhauer riporta l'intera citazione di Byron:

> *To feel me in the solitude of kings,*
> *Without the power that makes them bear a crown.*
>
> [«Sentire la solitudine dei re,
> senza il potere che consente loro di portare una corona»].

23

«*The more I see of men, the less I like them; if I could but say so of women too, all would be well*». [«Quanto più guardo gli uomini, tanto meno mi piacciono. Se soltanto potessi dire la stessa cosa delle donne, tutto sarebbe a posto»].

(Thomas Moore, *Letters and Journals of Lord Byron, with Notices of His Life*, Bruxelles [, A. et W. Galignani, Paris,] 1830, I, 499)

24

Alla fine, a favore del matrimonio rimane soltanto la considerazione che si sarà curati nella vecchiaia e nella malattia, e che si avrà un proprio focolare. Ma anche questi mi sembrano vantaggi illusori: mia madre ha forse curato mio padre quand'era malato? Il benvenuto più cordiale non ci viene forse dato in albergo? E l'intera vita non è forse un *diversorium*, un semplice ostello? Per quanto mi sembri dubbio che la vita appartata, di cui esseri come me hanno bisogno, sia possibile nel matrimonio piuttosto che nel celibato, riconosco che per me quest'ultimo è d'obbligo se non altro perché io, dopo una scrupolosa analisi di me stesso, non sento in me né il coraggio né la capacità né la vocazione per farmi carico dei fardelli del matrimonio. In me hanno sempre predominato la sensibilità e l'intellettualità, e quindi ho sempre avuto la più intensa suscettibilità per i mali e per i guai della vita, mentre in proporzione le sue gioie e i suoi piaceri mi hanno commosso meno. Perciò, fin dalla giovinezza, la componente fondamentale dei miei sogni di felicità sono sempre state scene di vita appartata, di quiete, di solitudine e di piacevole autarchia. Se la mia vita reale fosse stata la cosa più importante della mia esistenza e la fonte dei miei piaceri, avrei fatto bene a sposarmi. Ma dato che la mia è stata una vita ideale, intellettuale, non ho potuto farlo: perché si deve sacrificare una cosa all'altra.

Un uomo che per una ragione qualsiasi ha abbandonato il corso naturale della vita non può sposarsi. Chi è disoccupato non ha radici fisse a terra, una tempesta può rovesciarlo. Perciò deve stare solo. Si può affrontare il rischio di vivere senza lavoro con un piccolo patrimonio soltanto nel celibato. La perdita della libera disponibilità della *mia propria* persona è un male ben maggiore del vantaggio che mi può venire dall'acquisto di un'*altra*. Peraltro, è assolutamente impossibile che io sia felice con una donna che non è felice con me: ora, dato che io vivo soprattutto nel mondo dei miei pensieri e non amo svaghi e società, e poi non sempre sono di buon umore, c'è ben poca speranza che una donna con me si senta felice.

Poiché vedo che l'autentico scopo della mia vita oltrepassa i confini della mia esistenza personale, la quale è per me soltanto il mezzo per conseguirlo, non appena la mia persona e la mia proprietà non stessero a mia completa disposizione, ma qualcun altro ne avesse parte, allora la cosa più importante e meno comune sarebbe sacrificata a quella comune. Al fine di assicurarmi questo possesso libero e illimitato di me stesso rinuncio al possesso di un'altra persona. Perché se ella deve appartenere a me, io non posso non appartenere a lei.

Considero la mia parte di eredità come un tesoro sacro che mi è affidato soltanto per assolvere il compito datomi dalla Natura, per essere – a vantaggio mio e dell'umanità – ciò a cui essa mi ha destinato. La considero come una lettera di privilegio senza la quale sarei inutile per l'umanità e avrei probabilmente la più misera esistenza che mai abbia avuto un uomo della mia specie. Per questo, se nell'attesa così spesso illusa di una vita più ricca di piaceri volessi spendere forse la metà dei miei proventi in moda, sartoria e abbigliamento, ciò sarebbe per me l'abuso più ingrato e indegno di un così raro destino.

Quanto più uno è saggio e assennato, tanto peggio sta qualora si sia legato alla metà dissennata dell'umanità. E giustamente, perché questo legame è stato da parte sua una follia ancora più grande. A maggior ragione, se uno ha raggiunto i quarant'anni senza essersi caricato sulle spalle il peso di moglie e figli, deve avere imparato davvero poco se lo vuol fare dopo. Mi sembra come chi, avendo già fatto a piedi tre quarti del percorso della corriera, voglia acquistare il biglietto per l'intero tragitto.

«He that hath wife and children, hath given hostages to Fortune, for they are impediments to great enterprises, either of virtue or mischief. Certainly the best works and of greatest merit for the public have proceeded from the unmarried or childless men, which both in affection and means have married and endowed the public».

[«Chi ha moglie e figli ha messo ostaggi in mano alla Fortuna poiché essi sono impedimenti per le grandi imprese, sia virtuose che infauste. Certamente le opere migliori e più meritevoli per il pubblico sono venute da uomini celibi o senza figli, che si sono interamente dedicati, con passione e mezzi, al pubblico»].

Bacon, *Essay of marriage and single life*[1]

1. Schopenhauer ha sottolineato il passo nella sua copia personale del testo: Francis Bacon, *The Essays, or Council, Civil and Moral*, H. Clark, London, 1718, p. 17.

25

La maggior parte degli uomini si lascia sedurre da un bel volto; infatti la natura li induce ad ammogliarsi facendo in modo che le donne mostrino, tutto in una volta, il loro pieno splendore ovvero... facciano un «colpo a effetto»; e nasconde invece i molti guai che avranno in seguito: spese a non finire, preoccupazioni per i figli, un carattere bisbetico, cocciutaggini, invecchiamento e inacidimento nel giro di pochi anni, inganni, corna, capricci, attacchi isterici, amanti, diavoli e inferno. Definisco perciò il matrimonio un debito che si contrae in gioventù e si paga nella vecchiaia, e mi rifaccio a Baltasar Gracián che chiama «cammello» un quarantenne solo perché ha moglie e figli. Infatti, la meta abituale della cosiddetta carriera dei giovani di sesso maschile è solo quella di diventare bestie da soma di una donna. Per i migliori di loro, di solito, la moglie passa soltanto per un peccato di gioventù. Il tempo libero che essi conquistano per le loro donne faticando tutto il giorno, è un bene di cui il filosofo ha bisogno per sé. L'uomo sposato porta sulle sue spalle tutto il peso della vita, quello non sposato solo la metà: chi si dedica alle muse deve far parte dell'ultima classe. Perciò si troverà che quasi tutti i veri filosofi sono rimasti scapoli, come Descartes, Leibniz, Malebranche, Spinoza e Kant. Gli antichi non rientrano nel novero, perché a quei tempi le donne avevano una posizione subordinata; del resto sono note le pene di Socrate, e Aristotele fu un precettore di corte. I grandi poeti, invece, erano tutti sposati, e infelici. Shakespeare, addirittura, con un doppio paio di corna. I mariti sono il più delle volte dei Papageno a rovescio: come a Papageno accade che una vecchia gli si trasformi con miracolosa rapidità in una giovane, così agli uomini ammogliati accade, con altrettanta rapidità, che una giovane gli si trasformi in una vecchia.

26

«*Matrimony = war and want! Single blessedness = peace and plenty*» [«Matrimonio = guerra e necessità; vita da single = pace e prosperità»].[1] Perfino il cantore laureato dell'amore dice: «*Quisquis requiem quaeris, foeminam cave, perpetuam officinam litium ac laborum*» [«Se cerchi pace, evita la donna, fonte perpetua di liti e fastidi»] (Petrarca, *De vita solitaria*, lib. II, sect. III, c. 3).[2]

1. Massima formulata in inglese dallo stesso Schopenhauer nella lettera a David Asher del 4 novembre 1858 (in *Gesammelte Briefe*, p. 438): «"*To marry or not, is the question": – Question?!! I'll give you a sound maxim of my own making, thought it's in English: "Matrimony = war and want! Single blessedness = peace and plenty". Stick to that. This, by the bye, is an Alliteration; the Germans call it a Staffrime. But what's that to us?*».

2. Nella copia dell'edizione usata da Schopenhauer e conservata nella sua biblioteca personale (Joannes le Preux, cit.) il passo è sottolineato a matita (p. 142).

27

Non è possibile tenere le donne entro i limiti della ragione se non incutendo loro paura; ma nel matrimonio è necessario tenerle entro questi limiti perché si condividono con loro le cose migliori che si hanno, anche se così si perde in felicità e amore ciò che si guadagna in autorità. In questo modo si spiega, per esempio, perché in Inghilterra la metà di tutti i delitti capitali sia commessa tra coniugi.

28

La Natura ha fatto qualcos'altro per isolare il mio cuore munendolo di diffidenza, irritabilità, impetuosità e fierezza in una proporzione quasi inconciliabile con la *mens aequa* del filosofo. Da mio padre ho ereditato l'angoscia, che io stesso ho maledetto e combattuto impegnandovi tutta la mia forza di volontà. Capita che per i motivi più insignificanti mi assalga con una tale violenza da farmi vedere dinanzi a me in carne e ossa sciagure solo possibili, anzi appena pensabili. Una terribile fantasia potenzia a volte questa inclinazione fino all'incredibile. Già da bambino, a sei anni, una sera i miei genitori, tornando da passeggio, mi trovarono nella più cupa disperazione perché mi ero immaginato che all'improvviso mi avessero abbandonato per sempre. Da ragazzo mi tormentavano malattie e litigi immaginari. Durante gli studi a Berlino per un certo tempo credetti di avere un esaurimento. Allo scoppio della guerra nel 1813 mi perseguitò il timore di essere costretto al servizio militare. Da Napoli mi fece fuggire la paura del vaiolo, da Berlino il colera. A Verona ero in preda all'idea fissa di avere assaggiato tabacco da fiuto avvelenato. Nel luglio 1833, al momento di lasciare Mannheim, senza alcun motivo esteriore fui preso da un indicibile senso d'angoscia. Per anni mi hanno perseguitato il timore di un processo penale per il pasticcio di Berlino, il terrore di perdere il mio patrimonio e la paura che mia madre impugnasse la mia parte di eredità. Di notte bastava un rumore per farmi saltare giù dal letto e afferrare la sciabola e le pistole che tenevo sempre cariche. Anche in assenza di uno stimolo particolare reco in me una costante ansietà interiore che mi fa vedere e cercare pericoli dove in realtà non ce ne sono. Essa amplifica all'infinito anche la minima avversità e rende tanto più difficile per me il rapporto con gli esseri umani.

29

La maggior parte degli uomini sono come i frutti dell'ippocastano: hanno l'aspetto delle castagne vere ma non sono commestibili.[1] (Nel *Kural* di Tiruvalluvar si dice: «La gente comune ha l'aspetto di esseri umani; non ho mai visto qualcosa di tanto simile all'uomo!»).[2] Moltissimi sono un amalgama di cattiveria e stupidità, tratti che in loro sono difficili da distinguere. L'espressione inglese *a dull scoundrel* [una stolta canaglia] li designa nel modo più efficace. Goethe, in perfetta sintonia con il suo carattere, mi scrisse sul libro degli ospiti:

1. Cfr. *Parerga und Paralipomena*, vol. II, p. 87 nota (trad. it. tomo II, p. 112 nota: «Circa vent'anni fa volli farmi fare una *tabacchiera* sul cui coperchio fossero riprodotte a mosaico due grandi castagne, con una foglia la quale rivelava che erano castagne d'India. Questo simbolo doveva ricordarmi proprio quel pensiero»).
2. Cfr. Tiruvalluvar, *Der Kural. Ein gnomisches Gedicht über die drei Strebeziele des Menschen*, trad. ted. a cura di Karl Graul, Dörffling & Franke, Leipzig, 1856, p. 140. Schopenhauer cita lo stesso passo anche in *Parerga und Paralipomena*, vol. II, pp. 87, 359 (trad. it. tomo II, pp. 112, 443).

Willst du dich deines Werthes freuen,
So mußt der Welt du Werth verleihen.

[«Se vuoi godere di ciò che vali,
devi dar valore al mondo in cui vivi»].[1]

Io preferii però pensare con Chamfort: «*Il vaut mieux laisser les hommes pour ce qu'ils sont, que les prendre pour ce qu'ils ne sont pas ... Rien de si riche qu'un grand soi-même!*» [«È meglio lasciare gli uomini come sono piuttosto che prenderli per quello che non sono ... Niente è più ricco di un grande se stesso!»]. Quasi ogni contatto con esseri umani è una *contamination*, un *defilement*. Essi sono di tal fatta che più saggio di tutti è colui che durante la sua vita ha avuto a che fare con loro il meno possibile. Secondo Eckermann, Goethe ha deplorato il contrario. Dobbiamo essere in tutto e per tutto convinti, e tenerlo sempre presente, che ci siamo calati in un mondo popolato da esseri moralmente e intellettualmente miserabili di cui non facciamo parte, e di cui perciò dobbiamo evitare in ogni modo la compagnia: ci si deve considerare e comportare come un brahmano tra sudra e paria. I pochi esseri superiori, nella misura in cui lo sono, debbono essere stimati e onorati. Quanto agli altri, siamo nati per insegnare loro, non per stare in loro compagnia. Dobbiamo

1. Goethe, *Sprichwörtlich* [*Motti proverbiali*], in *Tutte le poesie*, cit., vol. I, tomo I, pp. 824-25.

abituarci a considerarli come una specie a noi estranea, che è soltanto la materia del nostro operare. Sulla loro miseria morale e intellettuale dobbiamo meditare quotidianamente, proponendoci di non averne bisogno e di tenercene lontani. Poiché l'infimo e il peggiore sono pur sempre nostri simili per molti aspetti, fisici e morali, essi cercheranno costantemente di metterli in evidenza, ponendo invece in secondo piano ciò per cui noi siamo migliori. E giacché hanno considerazione soltanto per la forza e il potere, bisogna o renderli innocui o evitarli. A causa dell'invidia propria della natura umana è fatale che coloro che sono ottusi e privi di ingegno nutrano una latente antipatia per coloro che sono mentalmente superiori. La stessa cosa proveranno i malvagi e i reietti per gli onesti e i nobili, sebbene a volte traggano vantaggio e sollievo da questi oggetti del loro latente astio e dunque, temporaneamente, li cerchino. Analogamente coloro che cercano sempre negli altri, ma invano, la stessa nobiltà di sentimento e lo stesso grado di chiarezza dell'intelligenza che posseggono loro, alla fine non possono non cominciare a disprezzarli tacitamente. Da ciò dipende il doppio isolamento di ogni individuo eccelso, del quale il bipede finge di non vedere la superiorità, quando l'abbia notata, con lo stesso istinto con cui un insetto si finge morto – la nasconde a se stesso.

30

La macroscopica differenza tra gli esseri simili a me e gli altri poggia in gran parte sul fatto che i primi hanno un bisogno pressante che i secondi ignorano, e la cui soddisfazione andrebbe anzi a loro detrimento: il bisogno di tempo libero per pensare e studiare. Ciò cambia addirittura il criterio morale per giudicare uomini simili a me, quantunque abbia ragione Pericle quando in punto di morte dice che nessun *merito* alla fine controbilancia una cattiva coscienza. Ritengo dunque con gli antichi, con Socrate e Aristotele (Diogene Laerzio, II, 31; Aristotele, *Etica Nicomachea,* X, 7, 1177 b 4), che il tempo libero sia il massimo bene su questa terra. Quando nasce un essere come me, l'unica cosa auspicabile dall'esterno è che per l'intera sua vita, ogni giorno e ogni ora, sia il più possibile se stesso e viva per il bene del suo spirito.
Ma è difficile soddisfare quest'esigenza in un mondo in cui la sorte e la destinazione dell'uomo sono ben altre, e in cui si deve far rotta, come tra Scilla e Cariddi, tra la povertà che ci toglie tutto il tempo libero, e la

ricchezza che tende in ogni modo a guastarcelo e sottrarcelo. La Natura determina la sorte dell'uomo – di giorno il lavoro, di notte il riposo, e ben poco tempo libero – e la sua felicità – cioè moglie e figli, che gli sono di consolazione in vita e in punto di morte. Dove però una costituzione anormale genera grandi bisogni spirituali e quindi la possibilità di grandi piaceri spirituali, allora il tempo libero diventa la condizione principale della felicità, e in cambio di esso si è pronti a rinunciare alla normale felicità umana fatta di moglie e figli. L'individuo di tale specie appartiene a un'altra sfera. Sennonché, condizione per soddisfare questa diversa esigenza sono alcune circostanze esterne che sopraggiungono molto di rado. Deve qui essere all'opera un destino propizio che apparecchi a una natura straordinaria circostanze straordinarie. Si verifica allora quel che Knebel è venuto a sapere a novant'anni: nella vita della maggior parte degli uomini si ritrova un certo disegno che, per così dire, è già tracciato dalla loro natura e dalle circostanze che li guidano. Per quanto alterne e mutevoli siano le vicende della vita, alla fine si rivela una certa coerenza del tutto. Si vede la mano di un destino determinato, per quanto nascostamente agisca: mossa da un'azione esterna o da una pulsione interna; perfino moventi contrastanti si volgono spesso nella sua direzione (K.L. Knebel, *Literarischer Nachlaß* [*und Briefwechsel*, a cura di K.A. Varnhagen von Ense e T. Mundt, Reichenbach, Leipzig, 1840], vol. III, p. 452).[1]

1. Cfr. *Parerga und Paralipomena*, vol. I, p. 218 (trad. it. tomo I, p. 285).

31

Si può paragonare la società comune a quella musica di corni russa in cui ogni corno dispone di un'unica nota, e solo dalla perfetta sintonia di tutti risulta una musica. Poiché la sensibilità e la mente della maggior parte degli uomini sono monotone come questo corno unisono: già dall'aspetto, infatti, molti di loro danno l'impressione di avere sempre un unico e medesimo pensiero, incapaci di averne un qualsiasi altro.[1]

1. Ripreso in *Parerga und Paralipomena*, vol. I, p. 451. (trad. it. tomo I, p. 571).

32

Penso con Tommaso di Kempen (secondo Seneca, *Epistulae*, 7): «*Quoties inter homines fui, minor homo redii*» [«Tutte le volte che sono stato tra esseri umani, sono ritornato meno uomo», *De imitatione Christi*, libro I, XX, 2]. Certo, Goethe afferma che il dialogo dà ancora maggior sollievo della luce. Tuttavia è meglio non parlare affatto piuttosto che intrattenere un colloquio così gramo e stucchevole come quello che si ha di solito con i *bipedes*: in esso tre quarti di ciò che a uno viene in mente di dire non andrebbe detto per motivi tanto futili quanto necessari, e la conversazione in effetti non è altro che un penoso funambolismo sulla sottile linea di ciò che è concesso di dire senza pericolo. Di regola ogni dialogo – a eccezione di quello con l'amico e con l'amata – lascia uno sgradevole retrogusto, un lieve turbamento della pace interiore. Invece ogni occupazione della mente con se medesima ha come effetto una risonanza benefica. Se mi intrattengo con la gente, recepisco opinioni che sono per lo più sbagliate, piatte o menzognere, ed espresse nel misero linguaggio del loro spirito. Se mi intrattengo con la Natura, essa porge – vera e schietta – l'intera essenza di tutte le cose di cui parla, ben visibile e inesauribile, e mi parla nel linguaggio del mio spirito. I miei pensieri e il modo in cui comunicarli sono una questione che mi sta molto a cuore. Ma questo nei *bipedes* di norma non accade: nel loro libero pensare e parlare non c'è un vero interesse, e il loro prendervi parte manca di ardore perché se ne lascino coinvolgere pienamente. Perciò dedicano sempre molta attenzione all'ambiente circostante, tanta che nell'immediato non riesco nemmeno a immaginare. Mentre il mio sguardo è fissato su un punto, il loro vaga a vuoto, e ogni rumore molesto è il benvenuto. Mai, dunque, posso considerare miei simili gli uomini, soprattutto quando per esempio li vedo strepitare insensatamente o stare ad ascoltare l'abbaiare dei cani o tenere canarini.

33

Già a trent'anni ne avevo sinceramente abbastanza di dover considerare come miei simili esseri che in realtà non lo sono. Finché il gatto è giovane gioca con pallottoline di carta perché crede che siano vive e simili a lui. Ma una volta cresciuto, sa che cosa sono e le lascia stare.[1] Lo stesso è capitato a me con i *bipedes*. *Similis simili gaudet* [il simile gode del simile]:[2] per essere amati dagli uomini bisognerebbe essere simili a loro. Ma che il diavolo se li porti! Quello che li fa andare e stare insieme è la trivialità, la piccineria, la piattezza, la debilità mentale e la meschinità. Perciò il mio saluto a tutti i *bipedes* è: *pax vobiscum, nihil amplius!* [la pace sia con voi, niente di più!]. L'uomo di natura più nobile in gioventù crede che i rapporti es-

1. Il paragone dei gatti è svolto più ampiamente in *Spicilegia* (1842), p. 289, in *Der handschriftliche Nachlaß*, vol. IV, tomo I, p. 289.

2. Cfr. Agostino, *De spiritu et littera*, 14, in base alla dottrina secondo cui *simile simili cognoscitur*, che si trova già in Omero (*Odissea*, XVII, v. 218) e in Empedocle (fr. 109 Diels-Kranz), e che Schopenhauer menziona più volte anche altrove.

senziali e decisivi, e i legami tra gli esseri umani che ne nascono, siano quelli *ideali*, cioè basati sull'affinità nel modo di sentire e di pensare, nel gusto, nelle capacità mentali. Sennonché, più tardi si accorge che sono invece quelli *reali*, cioè quelli che poggiano su qualche interesse materiale. Sono questi che stanno alla base di quasi tutti i legami. La maggior parte degli uomini non ha anzi alcuna idea di altri rapporti.[1] Perciò, quanto più uno si eleva spiritualmente, tanto più triviali gli debbono sembrare gli uomini, con la stessa certezza per cui, se dai piedi di una torre alla cima ci sono trecento piedi, dalla cima ai piedi ce ne devono essere altrettanti.

1. L'uomo ... rapporti] cfr. *Parerga und Paralipomena*, vol. I, p. 488 (trad. it. tomo I, p. 619).

«I cerchi di ferro che cingono il mio cuore come una botte si stringono ogni giorno di più, e così alla fine non lasceranno filtrare più nulla. Quel che posso dire è che quanto più grande è il mondo, tanto più laida diventa la farsa, e giuro che nessuna oscenità né asineria di tutta questa pagliacciata è così nauseante come la natura di grandi, medi e piccini mescolati tra loro. Ho pregato gli dèi che mi conservino sino in fondo il coraggio e la rettitudine, e che anticipino la fine piuttosto che lasciarmi strisciare pidocchiosamente per l'ultimo tratto che porta alla meta. Adoro gli dèi, eppure sento di avere abbastanza coraggio per giurare loro odio eterno qualora si volessero comportare con noi al pari degli uomini».

Goethe alla signora von Stein,
19 maggio 1778.[1]

1. Citazione imprecisa da *Goethes Briefe an Frau von Stein: aus den Jahren 1776 bis 1826*, a cura di Adolf Schöll, Verlag des Landes-Industrie-Comptoirs, Weimar, 1848-1851, vol. I, p. 169.

Quando a prima vista nelle fisionomie e nei modi di fare degli uomini se ne percepiscono molto vividamente gli aspetti ripugnanti, si è trattenuti dal fare di loro una conoscenza più ravvicinata, cosa che nella maggior parte dei casi è puro guadagno. Gli uomini sono come il loro aspetto: e non si può dire di loro niente di peggiore. Basta osservare i volti ai quali non si è ancora abituati perché spesso ci si vergogni di essere un uomo. È sempre sconcertante e spesso pericoloso se apparenza e realtà distano molto l'una dall'altra: per questo preferisco che il mondo *appaia* ai miei occhi tanto desolato quanto lo è per la mia ragione.

35

Tutti i sorprendenti ed eclatanti esempi di cattiveria, malvagità, tradimento, trivialità, invidia, stupidità e perversità che uno deve subire e sopportare non vanno buttati al vento, bensì utilizzati come *alimenta misantropiae.* Vanno continuamente richiamati e rievocati per avere sempre davanti agli occhi le reali qualità degli uomini e per non compromettersi in alcun modo con loro. Si troverà infatti che spesso frequentavamo già da anni quelli con cui abbiamo fatto esperienze del genere senza che li credessimo capaci di tanto, e dunque è stata solo l'occasione che ha consentito di distinguerli. Quando si comincia a familiarizzare con qualcuno, bisogna sempre pensare che, una volta conosciutolo meglio, probabilmente lo si dovrebbe disprezzare o odiare.

36

Mi sia consentito sperare che il sole mattutino della mia fama indori con i suoi primi raggi la sera della mia vita togliendole la cupezza.[1]

1. Schopenhauer scrive qualcosa di molto simile in un abbozzo per la Prefazione alla terza edizione del *Mondo*: «*Si quis toto die currens pervenit ad vesperum satis est* [se uno, correndo tutto il giorno, giunge a sera, può dirsi soddisfatto]. Ebbene, ora ce l'ho fatta, il crepuscolo della mia vita diventa l'alba della mia fama» (*Senilia*, p. 84 del manoscritto originale, 1856).

37

Dopo che si è trascorsa una vita tanto lunga nell'insignificanza e nel disprezzo, ecco che alla fine arrivano con timpani e tamburi, e credono che basti.

38

Ho sempre sperato di morire bene. Chi infatti ha vissuto per tutta la vita in solitudine, saprà affrontare meglio di altri questa faccenda solitaria. Invece delle buffonate proporzionate alla misera capacità dei *bipedes*, io terminerò i miei giorni nella lieta consapevolezza di fare ritorno là da dove sono venuto con tanti talenti in dote, e di avere compiuto la mia missione.

MASSIME E CITAZIONI PREFERITE

1

Ἅπας μὲν ἀὴρ αἰετῷ περάσιμος,
Ἅπασα δὲ χθὼν ἀνδρὶ γενναίῳ πατρίς.

[Come l'aquila può attraversare tutto il cielo,
così tutta la terra è patria dell'uomo nobile].

Euripide, *Frammenti* [1047 = Stobeo 40, 9]

2

Οὐ τὸ ἡδὺ διώκει ὁ φρόνιμος ἀλλὰ τὸ ἄλυπον.
[Il saggio non persegue il piacere, ma l'assenza di dolore].

Aristotele [*Etica Nicomachea*, VII, 12, 1152 b 15-16]

3

Magnum vectigal parsimonia.

[La parsimonia è una grande fonte di reddito].

Cicerone [*Paradoxa Stoicorum*, I, 49;
De re publica, 4, 7]

4

Nemo potest non beatissimus esse qui est totus aptus ex sese quique in se uno ponit omnia.

[È impossibile che non sia felicissimo chi dipende totalmente da se stesso e chi punta tutto soltanto su di sé].

Cicerone [*Paradoxa Stoicorum*, II, 17][1]

1. Cfr. *Tusculanae disputationes*, V, 36; *Epistulae ad familiares*, V, 13, 1, 7.

5

Independence is a better cordial than tokay.
[L'indipendenza è un cordiale migliore del tocai].

William Shenstone
[*Essays on men and manners*,
J. Cundee, London, 1802, p. 195][1]

1. Citato a senso. Alla lettera Shenstone afferma: «*Liberty is a more invigorating cordial than tokay*».

6

Coetusque vulgares et udam
Spernit humum fugiente pinna.

[<La virtù> sprezza e a volo abbandona la compagnia della plebe e le paludi della terra].

Orazio [*Carmina*, III, 2, 23]

7

Nulli te facias nimis sodalem,
Gaudebis minus et minus dolebis.

[Non farti troppo amico nessuno,
godrai meno e meno ti dorrai].

Marziale [*Epigrammata,* XII, 34, 10]

8

Il n'y a pas de dette plus fidèlement acquittée que le mépris.

[Nessun debito è pagato più scrupolosamente del disprezzo].

Helvétius [*De l'esprit*, Durand, Paris, 1758, p. 86][1]

1. Sottolineato da Schopenhauer nella copia personale.

9

Asno sea quien a asno bozea.
(Asino chi nitrisce da asino).

Proverbio spagnolo

10

Give the world its due in bows.
[Da' al mondo gli inchini dovuti].

[Schopenhauer]

11

There is nothing by which a man exasperates most people more, than by displaying a superior ability of brilliancy in conversation. They seem pleased at the time; but their envy makes them curse him at their hearts.

[Non c'è nulla con cui esasperare di più la maggior parte della gente che esibendo superiorità ed estro nella conversazione. In un primo momento ne sembrano compiaciuti; ma nei loro cuori l'invidia glielo fa maledire].

Samuel Johnson[1]

1. James Boswell, *Life of Samuel Johnson*, Henry Washbourne, London, 1848, p. 490.

12

Der schlimmste Neidhart in dieser Welt –
Der jeden für seinesgleichen hält.

[Il peggiore invidioso al mondo è quello
che considera ognuno al proprio livello].

Goethe[1]

1. Goethe, *Égalité*, in *Epigrammatisch* [*Poesie epigrammatiche*], in *Tutte le poesie*, cit., vol. I, tomo I, pp. 898-99.

13

Ti scongiuro, Nolano, per il divino tuo genio che ti difende et in cui ti fidi, che vogli guardarti di vili, ignobili, barbare et indegne conversazioni; a fin che non contraggi per sorte tal rabbia e tanta ritrosia, che divenghi forse come un satirico Momo tra li dei, e come un misantropo Timon tra gli uomini.

Giordano Bruno, *Cena delle Ceneri*[1]

1. Citazione abbreviata da Giordano Bruno, *Opere*, cit., vol. I, pp. 198-99. In italiano nel testo.

14

The intellectual nature is its own law.

[La natura intellettuale è legge a se stessa].

Richard Price [, *A Free Discussion of the Doctrines of Materialism, and Philosophical Necessity, in a Correspondence between Doctor Price, and Doctor Priestley*, J. Johnson and T. Cadell, London, 1778]

15

La sua arguzia e il suo spirito lo resero un uomo di società gradevole, e benché il suo nobile cuore avrebbe dovuto procurargli ovunque amici, egli in realtà ne incontrò solo pochi. Infatti, per la sua perspicacia si lasciava trasportare di continuo a emettere giudizi su uomini e cose, e così spesso le sue decisioni erano dure e nette. E quando se la prendeva magari con un folle vissuto mille anni prima, spesso l'ascoltatore, anche se ciò accadeva *tête-à-tête*, era incerto se si trattasse di un'allusione diretta a lui.

J.H. Merck, *Lindor*[1]

1. In Johann Heinrich Merck, *Ausgewählte Schriften zur schönen Literatur und Kunst*, a cura di Adolf Stahr, Schulzesche Buchhandlung, Oldenburg, 1840, p. 157.

16

Niente è più pesante per gli uomini della considerazione e della venerazione che provano o debbono provare per le buone qualità e le virtù altrui. Chi non vuole che questo fardello gli venga gettato dinanzi, o che cada un poco alla volta dalle spalle di coloro che ne sono gravati, deve avere sempre qualcosa da contrapporre al peso: li deve schiacciare con questo. Ma io non rispondo al posto suo delle conseguenze della disperazione di coloro che soffrono in tal modo.

Klinger[1]

1. Citazione tratta probabilmente da Friedrich Maximilian Klinger, *Der Weltmann und der Dichter*, Hartknoch, Leipzig, 1798, testo posseduto da Schopenhauer ma andato perduto.

17

Se è assodato che la superiorità dell'uomo consiste nel suo essere autonomo e compiuto più di ogni altro individuo di specie diversa, certo la superiorità tra gli uomini consiste nel grado più elevato secondo cui uno realizza, rispetto a un altro, questa natura autonoma e compiuta. Quindi un uomo che nelle sue opinioni e nelle sue azioni, nella sua creatività e produttività, o in tutti i punti di contatto della sua esistenza con gli esseri della sua specie, gravita per così dire su se stesso, e che grazie alla sua natura compiuta prescinde, se così si può dire, dalla sfera dei suoi simili nella misura in cui tra lui e il genere umano si forma solo un puntino di assimilazione, una tangente – un essere siffatto si può assolutamente annoverare tra gli uomini più pregevoli e più grandi.

[Paul Ferdinand Friedrich Buchholz,]
Kabinet Berlinischer Karaktere [, Duncker & Humblot, Berlin,] 1808, p. 646[1]

1. Schopenhauer menziona il testo in *Parerga und Paralipomena,* vol. I, p. 102 (trad. it. tomo I, p. 140).

FONTI

1. Grisebach n. I; Hübscher n. 4. Steso intorno al 1822.

2. Grisebach n. XXX; Hübscher n. 3. Steso intorno al 1822.

3. Grisebach n. III; Hübscher n. 5. Steso intorno al 1822.

4. Grisebach n. XI; Hübscher n. 6. Steso intorno al 1822.

5. Grisebach n. XXIX; Hübscher n. 7. Steso intorno al 1822.

6. Grisebach n. VI; Hübscher n. 1. Steso nel 1821-1822, probabilmente prima del secondo viaggio in Italia, iniziato il 27 maggio 1822. Cfr. la lettera a Osann del 20 aprile 1822 (*Gesammelte Briefe*, p. 82).

7. Hübscher n. 2. Steso nel 1821-1822.

8. Grisebach n. X; Hübscher n. 8. Steso intorno al 1822-1823.

9. Grisebach n. IX; Hübscher n. 9. Steso nel 1823.

10. Grisebach p. 148; Hübscher n. 10.

11. Grisebach n. IV; Hübscher n. 11.

12. Grisebach n. V; Hübscher n. 12. Steso dopo il 1825.

13. Grisebach n. XIX; Hübscher n. 13. Steso intorno al 1826.

14. Hübscher n. 14. Steso intorno al 1828.

15. Grisebach n. XVIII; Hübscher n. 15. Steso dopo il 1829.

16. Hübscher n. 16. Steso dopo il 1829.

17. Grisebach nn. XX-XXI; Hübscher n. 17. Steso dopo il 1829.

18. Grisebach n. VII; Hübscher n. 18. Steso dopo il 1831.

19. Grisebach n. XXVII; Hübscher n. 19. Steso dopo il 1830.

20. Grisebach nn. XV-XVI; Hübscher n. 20.

21. Grisebach pp. 147-48; Hübscher n. 21.

22. Grisebach n. XXVIII; Hübscher n. 22. Steso intorno al 1831.

23. Hübscher n. 23.

24. Grisebach p. 147, nota 66; Hübscher n. 24. Steso intorno al 1831.

25. Grisebach n. XII; Hübscher n. 25. Steso intorno al 1831.

26. Grisebach n. XIII; Hübscher n. 26. Steso intorno al 1831.

27. Grisebach n. XIV; Hübscher n. 27.

28. Grisebach pp. 164-65; Hübscher n. 28. Steso intorno al 1833.

29. Grisebach nn. XXIV-XXV; Hübscher n. 29. Steso dopo il 1836.

30. Grisebach n. II; Hübscher n. 30. Steso dopo il 1840.

31. Hübscher n. 31. Steso dopo il 1840.

32. Grisebach n. VIII; Hübscher n. 32. Steso dopo il 1840.

33. Grisebach nn. XXIII e XXII; Hübscher n. 33. Steso intorno al 1844.

34. Grisebach p. 149 e n. XXVI; Hübscher n. 34. Steso dopo il 1850.

35. Grisebach n. XVII; Hübscher n. 35. Steso intorno al 1852.

36. Grisebach p. 168 nota; Hübscher n. 36. Steso intorno al 1855.

37. Grisebach n. XXXI; Hübscher n. 37.

38. Grisebach p. 162 nota; Hübscher n. 38.

PICCOLA BIBLIOTECA ADELPHI

ULTIMI VOLUMI PUBBLICATI:

750. Roberto Calasso, *Come ordinare una biblioteca*
751. Massimo Cacciari, *Il lavoro dello spirito*
752. Thomas Bernhard, *Midland a Stilfs*
753. Rainer Maria Rilke, *Del paesaggio e altri scritti*
754. Pierre Michon, *La Grande Beune*
755. Jorge Luis Borges - Adolfo Bioy Casares, *Racconti brevi e straordinari*
756. Carlo Rovelli, *Helgoland*
757. Alberto Arbasino, *Grazie per le magnifiche rose*
758. Georges Simenon, *Europa 33*
759. Leonardo Sciascia, *«Questo non è un racconto»*
760. Walter F. Otto, *Teofania*
761. Yasmina Reza, *Anne-Marie la Beltà*
762. Tullio Pericoli, *Arte a parte*
763. Friedrich Dürrenmatt, *Minotauro*
764. Osip Mandel'štam, *Conversazione su Dante*
765. Roberto Calasso, *Allucinazioni americane*
766. Thomas Bernhard, *Ungenach*
767. Roberto Calasso, *Bobi*
768. Roberto Calasso, *Memè Scianca*
769. Carlo Emilio Gadda, *I Luigi di Francia*
770. Roberto Calasso, *Ciò che si trova solo in Baudelaire*
771. Ettore Sottsass, *Di chi sono le case vuote?*
772. Leonardo Sciascia, *Fuoco all'anima*
773. Georges Simenon, *A margine dei meridiani*
774. Antonio Damasio, *Sentire e conoscere*
775. Jorge Luis Borges, *Storia della notte*
776. Milan Kundera, *Un Occidente prigioniero*
777. Roberto Calasso, *Sotto gli occhi dell'Agnello*
778. Pëtr Andreevič Viazemskij, *Briciole della vita*
779. V.S. Pritchett, *Il santo*
780. Ibn Jubayr, *Viaggio in Sicilia*
781. E.M. Cioran, *Finestra sul Nulla*
782. Fëdor Dostoevskij, *Il coccodrillo*

Stampato dal Consorzio Artigiano «L.V.G.» - Azzate